A Thief of Impeccable Taste

Un ladrón de impecable

buen gusto

A Thief of Impeccable Taste

Un ladrón de impecable buen gusto

Glen Sorestad

First Edition

Primero Edición

www.canadacubaliteraryalliance.org/SandCrabBooks.html

Copyrights © 2011 SandCrab Books
Copyrights © 2011 Glen Sorestad

All rights for poems revert to the author. All rights for book, layout and design remain with SandCrab Books. No part of this book may be reproduced except by a reviewer who may quote brief passages in a review. The use of any part of this publication reproduced, transmitted in any form or by any means, electronic, mechanical, photocopied, recorded or otherwise stored in a retrieval system without prior written consent of the publisher is an infringement of the copyright law.

A Thief of Impeccable Taste /
Un ladrón de impecable buen gusto
By/por Glen Sorestad

Editor: Manuel de J. Velázquez León
Translation: Manuel de Jesús Velázquez León
Layout and Design: Manuel de J. Velázquez León
Cover Design: Richard M. Grove
Cover Photo: Richard M. Grove
Text Reviewers: Adonay Pérez Luengo and Miriam E. Vera

Printed and bound in USA

Typeset in Garamond

Library and Archives Canada Cataloguing in Publication

Sorestad, Glen, 1937-
[Thief of impeccable taste. Spanish & English]
    A thief of impeccable taste = Un ladrón de impecable buen gusto / Glen Sorestad ; translated by Manuel de J. Velázquez León.

Poems.
Text in English and Spanish.
ISBN 978-1-897475-78-2

    I. Velázquez León, Manuel de J II. Title. III. Title: Ladrón de impecable buen gusto. IV. Title: Thief of impeccable taste. Spanish & English.

PS8587.O746T55 2011   C811'.54   C2011-907223-8

Table of Contents

On the Art of Making It Last – x
Sobre el arte de hacer perdurar – xv

Acknowledgement – xx
Agradecimientos – xx

Looking Back – 1
Mirando al pasado – 1

Looking Back – 2
Mirando al pasado – 3
Streetcar Passing in the Night – 4
El tranvía que pasa en la noche – 5
Stanley Park – 6
El Parque Stanley – 7
Vancouver, 1942 – 8
Vancouver, 1942 – 9
Suspension of Belief – 10
Suspensión de confianza – 11
Painting – 12
Pintando – 13
Fathers and Sons – 14
Padres e hijos – 15
Mothers and Daughters – 16
Madres e hijas – 18
Ten Years – 20
Diez años – 21
All the Sweet Songs – 22
Todas las dulces canciones – 23
The Morning My Wife Turned Sixty – 24
La mañana en que mi mujer cumplió sesenta – 25
Elegy for Good Friends Gone – 26
Elegía por los buenos amigos idos – 27
Winter Burial – 28
Sepelio de invierno – 29
Loose Lock – 30
Guedeja suelta – 31
Bleeding & Bruising – 32
Hemorragias y cardenales – 33

Ruminations – 35
Meditaciones – 35

The Thief Reflects – 36
El ladrón reflexiona – 37
Journey – 38
El viaje – 39
This Morning Mirror – 40
Este espejo matutino – 41
Morning Songs – 42
Canciones mañaneras – 43
To Have and To Hold – 44
Tener y poseer – 45
Nocturne – 46
Nocturno – 47
Apples – 48
Manzanas – 49
Pride Goeth... – 50
Orgullo y luego… – 51
Presences & Absences – 52
Presencias y ausencias – 53
Fragments – 54
Fragmentos – 55
Hourglass – 56
Reloj de arena – 57
Offering – 58
Ofrenda – 59

La belleza está donde la encuentres – 61
Beauty is Where You Find It – 61

Acceptable Distances – 62
Distancias aceptables – 63
Small and Feathered – 64
Pequeño y emplumado – 65
Make It Last – 66
Haz que perdure – 67
The Watcher – 68
El espectador – 69
Beauty is Where You Find It – 70
La belleza está donde la encuentras – 71
Winter at Emma Lake – 72
Invierno en el Lago Emma – 73
Mourning Dove – 74

Paloma torcaz – 75
Paper Birches – 76
Abedules – 77
Emma Lake Vespers – 78
Vespertinos en el Lago Emma – 79
Late October Woods – 80
Bosque a fines de octubre – 81
Autumn Thoughts – 82
Pensamientos de otoño – 83
Early Arrivals – 84
Primeras llegadas – 85
The Man Who Swam with the Loons – 86
El hombre que nadaba con los somorgujos – 87

Disclaimers – 89
Descargos de responsabilidad – 89

Accounting Practice Disclaimer – 90
Descargo de responsabilidad contable – 91
Little Enough – 92
Poco basta – 93
March Musing – 94
Meditaciones de marzo – 95
Being Alone – 96
A solas – 97
Resisting the Urge to Speak – 98
Resistiendo el deseo de hablar – 99
Staying the Course – 100
Manteniendo el rumbo – 101

Epilogue – 103
Epílogo – 103

Six Reasons I Write Poems – 104
Seis razones por las que escribo poemas – 105

Glen Sorestad – 107

On the Art of Making It Last

Margaret Atwood has a memorable poem in which her father, then a boy of ten, daily walked to school through the forest, along the shore of a river and

One day he saw a drenched log floating
heavily downstream,
and on it a butterfly, blue as eyes.
This was the moment (I later heard)
that shot him off on his tangent.

Atwood suggests the transcendence of that magical moment in which an apparently trivial incident can mutate into a discovery that changes the course of one's life. In the poetry of Glen Sorestad, the miracle of discovery is of high stature, although this poet follows another strategy. Generally, he lets the words find their own way through the woods, blazing their own trail, up to the hidden clearing of light, the unexpected spot of finding and conception. Once there, the solid power of the poet makes creation endure.

The first surprising thing in Sorestad's poetry is that scenes are illuminated by a luminescence that comes from understanding. The lens that visualizes his world is not myopic. Maybe that is why the poetic reconstruction of what has been lived is impeccable, faultless. The plots of reality offered to scrutiny sometimes reveal niches of an almost painful naturalism. One may feel the wintery cold alienation of those earthly artifacts that just seem to be there. Nevertheless, there are conducting wires among the objects, underground connecting tunnels providing sense to the structures. In that way, a universe of indifferent, almost astral nakedness is coloured by hope. It's not blind faith in transcendences and predestinations, but trust in that "great humanness at the heart of things" that Robinson Jeffers forebode and that also comes from the Sorestad's life, lived with decorum and love, for him the ultimate salvation and redemption possible.

First, the poet lances the lived experiences, trails through the bushes of memory, revives what is distinctive, what has skin and marrow, what throbs and lives. Everything may be useful in the search for sense, from the rock or the star to the imagined, found everywhere. Surprising is the courage of the poet in the meticulous task of unveiling, cautiously, carefully. The hand does not shake in pointing out what is momentous in the universal concatenation; the human grammar is irreproachable in cementing sparse and hidden fragments.

The natural wish to return to what was lived underlies the exercise of memory. Nevertheless, will is immediately targeted to accommodate what has been enjoyed before what has been suffered, so that future wonder flourishes over the resurrection of what was. This is begun by what is physically close, intimate, like the streetcar that still passes at night, leaving vibrations that go from the walls and the floor to the body. Sensory memory is the primary nexus: Stanley Park smells resuscitate impossibly large trees, and the frightening clicking of claws pacing cement cells resound like yesterday. One can feel the chill of vertigo on a bridge swaying over a void –a moment for reiterated trust in his father and for the first rebellion. One listens to the songs of yore sung under a moonlit sky when nights were endless, like illusions.

Love is salvation from the wreckage of oblivion, and for Sorestad this is fleshed in family and friends to whom he renders a poetic homage: To his father, with pride for his example of stoicism and endurance, in pain for the little time he had to know him well. To his eternal bride, interlocutor to many of these poems, inspiration for verses of such insouciant beauty that invite to be read aloud, once and again, just for pleasure. To the beloved departed, elegies of return to nature in a more reflexive perspective than William Cullen Bryant and with vestiges of Denise Levertov's rebelliousness, in protest because the world's light in the lover's eyes is not forever – and as a redress, the poet stains the indifferent whiteness of snow with red roses in a last act of love. To his mother –to whom he devoted a whole volume of poems of unforgettable tenderness– in consoling invocation, with strong yet simple images that highlight the distinctive traits of feelings in their fullness.

Mature meditation considers that love takes and ignores etiquette, though it must be accepted that there is a brief space between acceptance and acquiescence. It's justified by the impeccable taste of an uncommon thief; it's justified by love.

Sorestad gives voice to men and women who seek justice. It's not Stephen Crane's demand before Newton's mechanical and cold world. The sense of injustice that enervates the poet emerges from the very human condition. That is why love is the reiterated oblation. Even when the ego suffers from confession, healing is to call "upon our reservoir of love, a balm for blame".

The poet arrives serene to that blue October which, according to Robert Nathan, "Must end the long, sweet summer of the heart". Sorestad also feels sand flowing into the bottom half of the hourglass, he sees increasingly frequent funerals as the "the anticipatory snare drum roll" announcing the inevitable. Yet, he rejects the sour lies of the morning mirror since "the mask / is not the substance" and, all in all, satisfaction for what has been achieved leads to acceptance of temporal limits, by the way, democratically distributed among "fellow travellers".

"Beauty is where you find it", says Sorestad, and to prove it he lets the cold winter day turn into a postcard "when wind has taken a break", the afternoon fills with hopes of quietude, and the setting sun covers snow with sparkles. In this setting, the poet hesitates between the continued realization of beauty –close to cosmic coldness– and the urgency for human warmth, between dream and need. Only this tension may generate beauty or discover it. Moreover, discovery turns upon itself in the revelation of universal essences: *beauty in nature is in the equilibrium among its varied tensions*. The end is not merely contemplative. Natural beauty may be the background to understand human phenomena better. That is the case of the clump birches by the lakeshore, "slowly peeling off / their papery attire" like the lovers' intent

on sustaining that
delicate tension
between fantasy
and reality.

That beauty is there is evidenced by brushstrokes that look like moving watercolours, harmonically suspended in a point where all forces balance.

There are many samples: the doe, pure nervousness, detained between curiosity and prudence. The fidgety tree sparrow, in its hectic passing through the spruce branches, that stops for a moment on the drooping finger of the tree. Naked trees "awaiting winter's breath" in the threshold of winter in which they will dream the rebirth of spring, since beauty is also in that fleeting pause, when all starts to die for a future resurrection.

Sometimes, the poet tries to subvert the moment that he has brought to a stop to complete the realization of beauty. Then, there are memorable, flashing revelations, like when he tries to will the falling birch leaf to turn so that it holds "if only for / a moment, / within its cup / the dropping sun".

There is a necessary space for confessions, to the loved woman first. It seems every thought and act, conscious or unconscious, was for her. The metaphor floats over a broad smile: maybe he has not told her enough how much he loves her since "We offset / our debits with our credits". Eventually, he will be audited and, of course, he must be ready for that. One must take into account, and this is as serious as the rest, that our desires, dreams, appetites, lusts are out of proportion. In the end, time turns all into dust motes that float in our lives. However, little is enough, it will become its own desire and measure and it will be enough. If there is any reason for celebration, it is for the serendipity— having found her, having both been saved with such discovery.

"Make It Last" could be considered the point of equilibrium, the core poem of this collection. Beauty around us can be invisible to the eyes of those who do not want or cannot see. However, unlike in Walt Whitman's world of miracles, here one has to search for hints, perceptible to the seers. Poetry, with its especial tools, must unveil beauty in common events, must provide the subject with senses to perceive it. However, the poet's mission is not only to freeze reality or to stop the exercise of living for a moment, but to make what has been discovered in the interstices of the scene endure. So, two foundational ideas of this book are thus synthesized: the mission of the poet in the discovery of beauty where it is not visible to all, as well as in the exercise of his power to eternalize it.

"A Thief Of Impeccable Taste" is an essential book of verse in Glen Sorestad's work, a threshold of maturity in which he unfolds his poetic artistry. Here he proclaims what moves his creative will. First, the powers vested by poetry in the child that lives in him ("The Child is father of the Man", William Wordsworth wrote). Besides, poems allow for vital discoveries, they constitute fragments of the mosaic of life, they have their own independence and force which go beyond the poet's control, find their way through the forest and build bridges of communication with strangers, making possible especial "moments of intimate intensity". In this way, poetry allows the satisfaction of radical needs of realization and personal expression, knowledge of the world, artistic objectification and socialization. The nature of these reasons and the calibre of their expression make Sorestad's proposal to develop in intimate alliance with the reader; following him in his searches involves sharing the apprehensions of premonitions, the surprises of discoveries and, ultimately, the anguishing pleasure of creation.

Manuel de Jesús Velázquez León, PhD
Lecturer in Studies of the English Speaking Cultures
University "José de la Luz y Caballero"

Sobre el arte de hacer perdurar

En un memorable poema de Margaret Atwood su padre, un niño de unos diez años por entonces, cada mañana iba a la escuela atravesando un bosque, por la orilla de un río, y

Un día vio un tronco empapado flotando
pesadamente corriente abajo,
y sobre él una mariposa, azul como los ojos.
Este fue el momento (luego supe)
que lo disparó de su tangente

Atwood sugiere la trascendencia de ese momento mágico en que un incidente aparentemente trivial puede transmutarse en descubrimiento que cambie el curso de una vida. En la poesía de Glen Sorestad el milagro del descubrimiento es de mucha estatura aunque este poeta sigue otra estrategia. Generalmente, él deja que las palabras busquen su propio camino a través del bosque abriendo su senda hasta el calvero escondido donde se halla la luz, el inesperado sitio del hallazgo y la concepción. Una vez allí, el sólido poder del poeta hace que la creación perdure.

Lo primero que sorprende en la poesía de Sorestad es la iluminación de las escenas con una luminiscencia que parte del entendimiento. No es miope el lente que visualiza su mundo. Quizás por eso la reconstrucción poética de lo vivido resulta impecable, certera, logros de un lenguaje que se pliega dócil a su pericia. Las parcelas de la realidad que se ofrecen a escrutinio revelan, en ocasiones, nichos de un naturalismo casi doloroso. Se siente la alienación fría, invernal de esos artefactos terrenales que simplemente parecen estar ahí. Sin embargo, hay hilos conductores entre los objetos, túneles subterráneos entre ellos, dando sentido a las estructuras. De esa forma, un universo de desnudez indiferente, casi astral, se colorea con la esperanza. No es ciega fe en trascendencias y predestinaciones, sino confianza en esa "gran humanidad en la entraña de las cosas" que Robinson Jeffers presentía y que también nace de la vida de Sorestad, vivida en el decoro y el amor, para él última salvación y redención posible.

Primero la mirada del poeta lancea las experiencias vividas, rastrea por entre los matorrales de la memoria, revive aquello distintivo, lo que tiene piel y médula, lo que palpita y vive. Todo puede ser útil en la búsqueda de sentido, desde la roca o la estrella, hasta lo imaginado que andaba por todas partes. Aquí sorprende el coraje del poeta en la tarea minuciosa de develar, oído atento, ojo avizor. No tiembla la mano que señala en esa concatenación universal lo trascendental, resulta irreprochable la gramática humana con la que se cementan los fragmentos dispersos y ocultos.

En el ejercicio del recuerdo subyace el deseo natural de regresar a lo vivido, pero de forma inmediata la voluntad se dirige a acomodar lo gozado antes que lo sufrido para que el contraste haga florecer, por sobre la resurrección de lo acontecido, la maravilla del porvenir. Se empieza con lo físicamente cercano, íntimo, como el tranvía que sigue pasando en la noche dejando vibraciones que van desde las paredes y el suelo hasta el cuerpo. La memoria sensorial es el nexo primario: los olores de Stanley Park resucitan árboles imposiblemente grandes y el aterrador chasquido de las garras sobre el cemento resuena como ayer; se siente el calosfrío de vértigo en el puente suspendido sobre el vacío –momento para la confianza reiterada en el padre y para la primera rebeldía. Se escuchan las canciones del ayer cantadas a la luz de la luna cuando las noches eran interminables, como las ilusiones.

La salvación del naufragio del olvido es el amor, y para Sorestad este se encarna en la familia y los amigos, a los que rinde poético homenaje: Al padre, con orgullo por su ejemplo de estoicismo y reciedumbre, en el dolor de no haber tenido tiempo suficiente para conocerle bien. A la novia eterna, interlocutora de muchos de estos poemas, inspiración de versos de tanta belleza al descuido, que invitan a leer en voz alta, una y otra vez, por puro placer. A los bien amados idos, elegías de retorno a la naturaleza en una mirada más reflexiva que William Cullen Bryant, y con dejos de la rebeldía de Denise Levertov, en protesta porque la luz del mundo en los ojos de la amada no es por siempre –y en desagravio el poeta mancha con rosas rojas la blancura indiferente de la nieve en un último acto de amor. A la madre –a quien él dedicara todo un volumen de poesía de inolvidable ternura– en invocación consoladora, con imágenes de fuerza y sencillez que destacan los rasgos distintivos de los sentimientos en su plenitud.

La meditación madura considera que el amor toma e ignora la etiqueta, aunque se ha de conceder un espacio breve entre la aceptación y la anuencia. Lo justifica el buen gusto de un ladrón nada común; lo justifica el amor.

Sorestad da voz a hombres y mujeres que buscan justicia. No es la demanda de Stephen Crane ante el mundo mecánico y frío de Newton. La injusticia que enerva al poeta viene de la propia condición humana. Por eso el amor es la ofrenda reiterada. Incluso cuando el ego sufre por la confesión, la cura es acudir "a nuestra reserva de amor, un bálsamo para la culpa".

El poeta llega sereno a ese octubre azul que, según Robert Nathan, "ha de terminar con el largo, dulce verano del corazón". Sorestad también siente la arena fluir a la mitad inferior del reloj, ve los funerales cada vez más frecuentes como "el anticipatorio tamborileo in crescendo" que anuncia lo inevitable. Sin embargo, rechaza las agrias mentiras del espejo mañanero pues "la máscara/no es la sustancia" y, en definitiva, la satisfacción por lo logrado conduce a la aceptación de los límites temporales, por cierto, democráticamente distribuidos entre los "compañeros de viaje".

"La belleza está dónde la encuentres", dice Sorestad y, para demostrarlo, deja que el día de frío invierno se vuelva una postal "cuando el viento amaina", la tarde se llena de esperanzas de sosiego, y el sol poniente cubre la nieve de destellos. En ese escenario, el poeta se debate entre la continua realización de la belleza —cercana a la frialdad cósmica— y la urgencia de calor humano, entre el sueño y la necesidad. Solamente esta tensión puede generar la belleza, o descubrirla. Además, el descubrimiento se vuelve sobre sí mismo en la revelación de esencias universales: *la belleza en la naturaleza se encuentra en el equilibrio de sus múltiples tensiones*. El fin no es meramente contemplativo. La belleza natural puede ser plano de fondo para comprender mejor los fenómenos humanos. Así resulta con los abedules enracimados junto al lago, desprendiéndose lentamente de su atavío de papel, como el intento de los amantes

por sostener esa
tensión delicada
entre la fantasía
y la realidad.

Que la belleza está ahí, lo evidencia en pinceladas que parecen acuarelas en movimiento, armónicamente suspendidas en un punto donde se equilibran todas las fuerzas. Hay muchos ejemplos: la venada, puro nerviosismo, detenida entre la curiosidad y la prudencia; el inquieto gorrión del monte que, en su paso ajetreado por entre las ramas, se detiene por un momento en el dedo curvo del abeto; árboles desnudos "esperando por el aliento invernal", en la antesala del invierno en el que soñarán con el renacimiento de la primavera, pues la belleza también está en esa pausa momentánea, cuando todo comienza a morir para su futura resurrección.

A veces, la voluntad del poeta pretende subvertir el momento que ha detenido para completar la realización de la belleza. Entonces se producen revelaciones memorables, relampagueantes, como esa en que intenta voltear la hoja de abedul que cae para que capture, "aunque sea solamente por / un momento, / en su copa / el sol poniente".

Hay un espacio necesario para las confesiones, a la mujer amada en primer lugar. Para ella parece haber sido todo pensamiento y acto, consciente o inconsciente. La metáfora flota sobre una ancha sonrisa: quizás no le ha dicho suficientemente cuánto la ama pues "Compensamos / nuestros débitos con nuestros créditos." Eventualmente, será auditado, claro está, y hay que prepararse para eso. Se ha de tener en cuenta –y esto es tan serio como lo demás– lo desmedido de nuestros deseos, sueños, apetito, lujuria. En definitiva, el tiempo lo convierte todo en motas de polvo que flotan en nuestras vidas. Sin embargo, lo poco bastará, se convertirá en su propio deseo y medida, y bastará. Si hay razón para la celebración es por esta capacidad para realizar hallazgos inesperados, como el hecho de haberla encontrado, de haberse mutuamente salvado con ese descubrimiento.

"Haz que perdure" podría ser considerado el punto de equilibrio, el poema al centro de esta colección. La belleza que nos rodea puede ser invisible a los ojos de los que no quieren o no pueden ver. Sin embargo, a diferencia del mundo de los milagros de Whitman, aquí hay que buscar sus atisbos, perceptibles para los veedores. La poesía, con sus instrumentos especiales, ha de develar la belleza de lo cotidiano, ha de proveer al sujeto de sentidos para percibirla. Sin embargo, la misión del poeta no solo es congelar la realidad o detener el ejercicio de vivir por un momento, sino hacer que lo descubierto en los intersticios de la escena perdure. Así se sintetizan dos ideas fundacionales de este libro: la misión del poeta en el descubrimiento de la belleza donde no es visible a todos y en el ejercicio de su poder para eternizarla.

"Un ladrón de impecable buen gusto" es un poemario esencial en la obra de Glen Sorestad, umbral de madurez en el que despliega la plenitud de sus facultades. Aquí proclama lo que mueve su voluntad creativa. En primer lugar están los poderes que la poesía confiere a ese niño que pervive en él —el niño es padre del hombre, a decir de William Wordsworth. Además, los poemas permiten esenciales descubrimientos, constituyen fragmentos del mosaico de la vida, tienen su independencia y fuerza propias que escapan al dominio del poeta, encuentran su propio camino en el bosque y son puentes de comunicación con extraños, por lo que hacen posibles "momentos de íntima intensidad." Así, la poesía permite satisfacer necesidades radicales de realización y expresión personal, de conocimiento del mundo, de objetivación artística y socialización. La naturaleza de estas razones y el calibre de su expresión hacen que la propuesta de Sorestad se despliegue en íntima alianza con el lector; seguirle en sus búsquedas y hallazgos incluye compartir los recelos de las premoniciones, las sorpresas de los descubrimientos y, por último, el placer angustioso de la creación.

Manuel de J. Velázquez León, PhD
Conferencista en Estudios de las Culturas Anglófonas
Universidad "José de la Luz y Caballero"

Acknowledgement

Some of the poems in this book have appeared on the following websites or e-zines: *Fieldstone, Poetry Monthly International* (U.K.), *nth position* (U.K.), *Monday's Poem* (Leaf Press) and *The Envoy*.

Many of the poems of Part III of this book were written at the Emma Lake Kenderdine Campus of the University of Saskatchewan. My special appreciation and thanks to Paul Trottier for making the writing of those poems possible.

I am grateful for the acute editorial eye of my long-time partner and first reader of this manuscript for her many acute suggestions. Both this book and my life are inestimably better because of her.

My special gratitude for the translation to Spanish by Manuel de Jesus Velázquez León; his encouragement of and belief in this book was unshakeable.

And my thanks to Richard (Tai)Grove for his eagerness from the outset to be involved in this English/Spanish poetry project.

Agradecimientos

Algunos de los poemas de este libro han sido publicados en las siguientes páginas web o revistas electrónicas: *Fieldstone, Poetry Monthly International* (U. K.), *nth position* (U. K.), *Monday's Poem* (Leaf Press) y *The Envoy*.

Muchos de los poemas de la Tercera Parte de este libro fueron escritos en el Campus Emma Lake Kenderdine de la Universidad de Saskatchewan. Mi aprecio especial y agradecimiento a Paul Trottier por hacer posible que yo escribiera esos poemas.

Quiero agradecer el perspicaz ojo editorial de mi compañera de siempre y primera lectora de este manuscrito por sus numerosas sugerencias atinadas. Este libro y mi vida son inestimablemente mejores gracias a ella.

Mi gratitud especial por la traducción al español de Manuel de Jesús Velázquez León; su aliento y su fe en este libro han sido inquebrantables.

Y mis agradecimientos a Richard (Tai)Grove por su entusiasmo desde el principio por involucrarse en este proyecto en inglés/español.

Looking Back

Mirando al pasado

Looking Back

Sometimes I am shaken
by a desire to return
to that child I was –
endless days under a vast sky,
sun omnipresent as the mongrel
that dogged my footsteps.

A half-century and more
removed, I remember each day
bloomed wonder. Never bored,
I did not realize how poor
we were, having so much.

On second thought, it's possible
my retrospective vision is
blurred, selectively smudged.
Perhaps it is our nature to hold
hard to what causes least pain?

To indulge moments of nostalgia
is no act of foolishness. Though
time past will not return,
we still can marvel
at the road we've travelled,
at the one that lies ahead.

Mirando al pasado

A veces me conmueve
el deseo de regresar
al niño que fui –
días interminables bajo un cielo inmenso,
un sol tan omnipresente como el chucho
que tenazmente seguía mis pasos.

A más de medio siglo de
distancia, recuerdo que cada día
florecía en maravillas. Nunca me cansaba,
ni me percataba de cuán
pobres éramos, teniendo tanto.

Pensándolo bien, es posible
que mi mirada retrospectiva sea
borrosa, selectivamente imprecisa.
¿Será que por nuestra naturaleza
nos aferramos a lo que causa menos dolor?

Permitirse momentos de nostalgia
no es una tontería. Aunque
el tiempo pasado no regresará,
aún podemos maravillarnos
ante la senda recorrida,
ante la que queda por andar.

Streetcar Passing in the Night

Sometimes at night, in the still
of the house I sleep in now,
I lie awake and listen as if
I am waiting for something,
something familiar but absent
a long time. I let my mind idle
like a diesel tractor at a truck stop.

I am back in childhood, lying awake
and waiting just as I am now,
but what I am waiting for is
the rumble and clatter of a streetcar,
metal on metal squeals and groans
shuddering the wooden walls
of the tenement, vibrations that purr
through the bed like a giant cat.

It's not that I really want
to feel again those thrummings
through the tenement walls
that set the bed to trembling.
But what we have lived never leaves –
the shiver of a bed, nor the sound
of a streetcar passing in the night.

El tranvía que pasa en la noche

A veces de noche, en la quietud
de la casa en la que duermo ahora,
acostado despierto, escucho como si
estuviera esperando algo,
algo familiar pero ausente
por mucho tiempo. Dejo la mente vagar
como un tractor diesel en una estación de camiones.

Estoy de regreso en la niñez, echado despierto
y esperando justo como hago ahora,
pero lo que espero es
el retumbar y traquetear de un tranvía,
metal contra metal chirria y gime
haciendo temblar las paredes de madera
de la casa, vibraciones que ronronean
a través de la cama como un gato gigantesco.

No es que yo realmente quiera
sentir de nuevo esos acordes
a través de las paredes de la casa
que hacen temblar la cama.
Pero lo que hemos vivido nunca se va –
el temblor de una cama, ni el sonido
de un tranvía pasando en la noche.

Stanley Park

The cedars and firs were impossible –
huger than imagination or eyes
could ever hold. Even the fairy tale beanstalk
paled alongside these castle towers of green.
When you ventured into their midst,
the sun went out and you were
plunged into a nostril-clogging
smell of damp decay. Father's hand,
the only possible reason to stay.
No forest could compare with
the looming giants of Stanley Park.

But it was animals you came here for –
the stuff of storybooks. Only these
were real beasts – well-fed lions
lolling in heavy-barred metal pens,
edgy black bears pacing cement cells,
their long claws clicking dangerously
on the concrete pads, their cubs nosing
the bars for treats, spider monkeys
trapezing back and forth in their cages
like acrobats beneath the circus tent.

The bears were frightening at first –
no storybook page could contain them.
Goldilocks catapulted in your mind
from a hungry and foolish girl
to the very bravest of heroines
after your first visit to Stanley Park.

You and your younger brother clung
fiercely to your father's hands as you
moved through a world of fur, claws
and smells that would insinuate
themselves forever into your memory.

El Parque Stanley

Los cedros y los abetos eran imposibles –
más descomunales que lo que pudieran contener
la imaginación o la visión. Incluso el tallo de habas del cuento
de hadas palideció junto a estas torres de un castillo de verdor.
Cuando ustedes se aventuraron entre ellas,
el sol desapareció y se sumergieron
en un olor a húmeda descomposición
que congestionaba el olfato. La mano del padre,
la única razón para quedarse.
Ningún bosque podría compararse con
los gigantes amenazadores de Stanley Park.

Pero vinieron aquí por los animales –
el tema de los libros de cuentos. Solo que estas
eran bestias de verdad – leones bien alimentados
echados en rediles enrejados de pesado metal,
nerviosos osos negros paseándose por sus celdas de cemento,
sus largas garras chasqueando peligrosamente
sobre las almohadillas de concreto, sus cachorros olfateando
los barrotes en busca de golosinas, monos araña
meciéndose en los trapecios de sus jaulas
como acróbatas bajo la carpa del circo.

Los osos asustaban al principio –
ninguna página de libro de cuentos podía contenerlos.
Ricitos de Oro se catapultó en tu mente
de una niña tonta y hambrienta
a una de las más valientes heroínas
después de tu primera visita al Parque Stanley.

Tú y tu hermano más pequeño se aferraban
tenazmente a las manos de tu padre mientras
andaban a través de un mundo de pieles, garras
y olores que habrían de insinuarse
para siempre en tu memoria.

Vancouver, 1942

One part of childhood
he remembers by doors.

The front door opens
on a loud, bold world —
rattling streetcars
and growling autos,
cement sidewalks
and black lamp posts;

the back door opens
on a quiet green space,
tiny and tidy with shrubs
and flowers, a walkway
leading to a gate
to the back alley.

When the doorbell rings
it announces visitors
welcomed at the front,
all smiles and laughter.

People who knock
at the back door never
enter the house —
silent Japanese fishermen,
carrying wicker baskets
of fresh Pacific salmon.

Vancouver, 1942

Él recuerda una parte de su niñez
por las puertas.

La puerta principal se abre
a un mundo ruidoso, temerario –
tranvías traqueteantes
y autos que roncan,
aceras de cemento
y negros postes de faroles;

la puerta trasera se abre
a un manso espacio verde,
diminuto y ordenado con arbustos
y flores, un pasadizo
que conduce al portón
que da a la callejuela del fondo.

Cuando suena el timbre de la puerta
anuncia visitantes
bienvenidos por el frente
todo sonrisas y risas.

Los que tocan
por la puerta trasera nunca
entran en la casa –
silenciosos pescadores japoneses,
que traen canastas de mimbre
con fresco salmón del Pacífico.

Suspension of Belief

Cables, ropes and wooden slats
create a seemingly fragile
sagging arc high above
the crash and dash
of Capilano Canyon.
I am five.

In my eyes this is not
a bridge – but rather,
some adult deceit
designed to instill
fear in a small boy.

Father takes my hand,
envelops it in warmth,
strength and security
a child comes to accept
as truth. "Come on,"
he says.

I step forward.
Beneath my feet
faith and trust
teeter and sway
side to side,
nothing beneath me
but a void
my fear has filled.

"No," I say.

Suspensión de confianza

Cables, cuerdas y tablillas de madera
crean un altísimo arco colgante
aparentemente frágil sobre
el agua que arremete fragorosa
en el Cañón Capilano.
Tengo cinco años.

A mi parecer no es
un puente – más bien,
algún engaño de los adultos
designado para infundir
miedo a un niño pequeño.

Mi padre toma mi mano,
envolviéndola en calor,
fuerza y seguridad
que un chico llega a aceptar
como ciertas. "Vamos,"
dice.

Doy un paso adelante.
Bajo mis pies
la fe y la confianza
se balancean y se bambolean
de un lado a otro,
nada debajo de mí
a no ser un vacío
mi miedo se ha colmado.

"No," digo.

Painting

Just keep painting, he said.
So I did. I didn't much like it,
but I did. How they adhered,
Father's words, good enamel
sealing me with a lasting coat.

An old two-storey farm house
that hadn't seen a can of paint
in years – just one of the jobs
my father had contracted for us
that summer we worked together.

I, in my teens, with fuzzy dreams
of distant places, none of them
with paint brushes or ladders.
My father, in his late fifties,
painting to pay for a small house.

That July day a misery of heat.
My right wrist ached, I wanted
to quit. We were not finished.
My father would not relent.
Just keep painting, he said.

That day is sixty years past.
Each wall, window frame, door –
we made them glisten in the sun,
walked away proud of our work.
I've never stopped painting.

Pintando

No más sigue pintando, dijo.
Y así lo hice. No me gustaba mucho,
pero seguí. Como se adherían,
las palabras de mi padre, buen esmalte
sellándome con recubrimiento duradero.

Una vieja granja de dos pisos
que no había visto pintura
durante años – uno de los trabajos
que mi padre había contratado para nosotros
ese verano en que trabajamos juntos.

Yo, en mi adolescencia, con sueños poco definidos
de lugares distantes, ninguno de ellos
con brochas de pintar o escaleras.
Mi padre, acercándose a los sesenta años,
pintando para pagar por una casa pequeña.

Ese día de julio un calor lacerante.
Me dolía la muñeca derecha, quería
dejar el trabajo. No habíamos terminado.
Mi padre no cejaba.
No más sigue pintando, dijo.

De eso hace sesenta años.
Cada pared, marco de ventana, puerta –
las hicimos refulgir al sol,
nos fuimos orgullosos de nuestro trabajo.
Jamás he dejado de pintar.

Fathers and Sons

It is not enough to have had a father. What I am left
is the feeling of never knowing who he really was.

I suppose every son knows his father as much or as little
as I, who's to say? Perhaps each son must leave

his father at some point, believing he has known
all that can be known about the man, as much

as it is possible for any son to know his own father.
But when my father died and I was only twenty-two,

it did not take me long to recognize how little I knew
about the man who occupied that space in my heart

and then became some distant figure, grown old
and gone before his time, gone before I came to know

how little I knew and how I'd never find what I sought,
though I would outlive my father's years in quest.

Padres e hijos

No basta con haber tenido un padre. Lo que me ha quedado
es el sentimiento de no haber sabido nunca quién era realmente.

Supongo que cada hijo conoce a su padre tanto o tan poco
como yo, ¿quién puede decirlo? Quizás cada hijo debe dejar

a su padre en algún momento, creyendo que ha conocido
todo lo que puede conocerse del hombre, tanto

como es posible para un hijo conocer a su propio padre.
Pero cuando mi padre murió yo solo tenía veintidós años,

no me tomó mucho tiempo comprender cuán poco conocía
acerca del hombre que había ocupado ese lugar en mi corazón

y que luego se convirtió en cierta figura distante, envejecida
y que se había ido antes de su tiempo, ido antes de que yo llegara
                                                                              a conocer

qué poco sabía y cómo jamás descubriría lo que buscaba,
aunque sobreviviría los años de mi padre en la búsqueda.

Mothers and Daughters

The little girl is just being
a little girl, as pups will be
pups, or calves calves.
She wants everyone to know
at this moment she has
a grief with the world
and how it is run, this grief
targeted squarely at the wishes
of her parents. She cares
not a whit for adult rules.
She wants the world
to turn her way, not theirs.

Could we not just as easily
extend her whim to each
of us in this busy restaurant?
We will all soon know each
and every precise detail
of the temper train she
plans to ride. *Now. See.*
The bloom creeping across
her irate face warns us the cusp
of tantrum is at hand.
Her mother's resolve will buckle,
for she has no will left
to corral her daughter's rage.
She just gives in, resigns.

Mothers once were little girls.
They know daughters' ploys,
having used them all themselves.
Watching this scene unfold
takes her and all of us back
to other places, other times
we'd just as soon forget.

Madres e hijas

La niña está siendo sencillamente
una niña, como los perritos serán
perritos, o los terneros terneros.
Ella quiere que todos sepan
en este momento que ella tiene
una cuita con el mundo
y como funciona, esta congoja
dirigida a los deseos
de sus padres. No le importan en lo
absoluto las reglas de los adultos.
Quiere que el mundo
se mueva en su dirección, no en la de ellos.

¿No podríamos fácilmente
extender su antojo a cada
uno de nosotros en este concurrido restaurante?
Pronto sabríamos cada uno de
los detalles precisos
del conato de ira
que planea desplegar. *Ahora. Miren.*
La florescencia que crece en
su cara iracunda nos alerta de que el apogeo
de la rabieta está a punto de llegar.
La determinación de su madre está por ceder,
porque ya no le queda voluntad
para contener el arrebato de la hija.
No más se rinde, renuncia.

Una vez las madres fueron niñas pequeñas.
Ellas conocen las estratagemas de las hijas,
pues todas las usaron ellas mismas.
Viendo la escena desenvolverse
la lleva de regreso como a todos nosotros
a otros lugares, a otros tiempos
que si no pronto olvidaríamos.

Ten Years

It is now ten years since you left.
After the mini-strokes, the path
your body wobbled down
as it slowed to a final stop,
after the final stroke unworded you
and shrunk your world
to the size of a hospital bed,
your heart unwound until nothing
and no one could wind it up again.

Ten years now I have missed you
daily – the desperate reaching out
for what was so long a part of me,
belated recognition, with its constant
reminder, of how a mother is
heart and core of what a son becomes.

How I miss your easy laugh,
the gentle accord you fashioned
with the small world you knew
and neither demeaned or questioned,
but accepted and lived with as though
it held either everything or nothing
of how life's mystery unfolds.

Diez años

Hace diez años desde que te fuiste.
Luego de los mini-ataques al corazón, el sendero
por el que descendió tu cuerpo tambaleante
cada vez más lentamente hasta el final,
luego que el último ataque te dejó sin palabras
y redujo tu mundo
al tamaño de una cama de hospital,
tu corazón se devanó hasta la nada
y nadie pudo darle cuerda de nuevo.

Hace diez años que te extraño
cada día – tendiendo desesperadamente la mano
en busca de lo que hace mucho fue parte de mí,
reconocimiento retrasado, con su recuerdo
constante, de cómo una madre es
entraña y médula de lo que llega a ser un hijo.

Cómo extraño tu risa fácil,
el acuerdo gentil que modelaste
con el pequeño mundo que conociste
y ni menospreciaste ni cuestionaste,
sino aceptaste y con el que viviste como si
este contuviera todo o nada
de lo que el misterio de la vida despliega.

All the Sweet Songs

Those lyrics of love and pain we sang
under moonlit skies on the sandy lakeshore.
Harmonies reached and revelled in as we
drove dusty roads – a mobile festival of country
and folk music, crammed front and back
in a borrowed car. Always the joy of song.

That concertina accordion, the battered guitars –
do they still exist? The long nights of song
when we believed our voices could carry us
anywhere, even into forever. Silenced.

All of them – voices, accordion, guitars,
harmonies – gone, disappeared as surely
as our youth. Now, only waning echoes,
bittersweet remembrance.

Todas las dulces canciones

Esos textos de amor y dolor que cantábamos
bajo cielos iluminados por la luna en la playa arenosa del lago.
Armonías alcanzadas y disfrutadas mientras que
conducíamos por caminos polvorientos – un festival móvil
                                              de música
campesina y folklórica, apiñados delante y detrás
en un auto prestado. Siempre la alegría de la canción.

Esa concertina, las guitarras maltrechas –
¿aún existen? Las largas noches de canciones
cuando creíamos que nuestras voces podían llevarnos
a cualquier parte, incluso a la eternidad. Silenciadas.

Todas ellas – voces, acordeón, guitarras,
armonías – idas, desaparecidas igual
que nuestra juventud. Ahora, solo ecos que se desvanecen,
recuerdos agridulces.

The Morning My Wife Turned Sixty

she was asleep in a Holiday Inn
in a Texas town south of Austin,
with no thoughts of having reached
a life milestone, other than
she was being spared some joyless
arctic winter back home,
though yesterday here in Texas
people had described the day
as *Canadian weather,* bundled
as they were in their warmest,
while we strolled in shirtsleeves.
They were busy stocking supplies
for rumoured terrorist strikes
that could disrupt essential services
and the good life. TV fuelled
public paranoia with its speculations
about Al Qaida cells lurking behind
doors of the nation's mosques.

And while my love was asleep
in the king-sized hotel room bed,
U.S. operatives were busy
at their clandestine work,
securing Iraqi oilfields,
while their colleagues went
about their acts of undeclared war,
committing what elsewhere would
be considered heinous crimes,

and especially here in Texas.

La mañana en que mi mujer cumplió sesenta

estaba dormida en un hotel Holiday
de un pueblo de Texas al sur de Austin,
sin consciencia de haber alcanzado
un hito en la vida, a no ser la idea de
un invierno ártico
sin alegría de regreso al hogar,
aunque ayer aquí en Texas
la gente había descrito el día
como un *tiempo canadiense*, abrigados
como andaban en su ropa de invierno,
mientras que nosotros paseábamos en mangas de camisa.
Andaban ocupados acumulando suministros
pues se rumoraba que habría ataques terroristas
que podrían desestabilizar servicios esenciales
y la buena vida. La TV echaba combustible
a la paranoia popular con sus especulaciones
acerca de células de Al Qaeda acechando detrás de
las puertas de las mezquitas de la nación.

Y mientras que mi amor dormía
en la cama matrimonial del cuarto del hotel,
operativos de EE.UU. andaban ocupados
en su trabajo clandestino,
asegurando los campos de petróleo iraquíes,
mientras que sus colegas andaban
en sus actos de guerra no declarada,
cometiendo lo que en cualquier otro lugar se
considerarían crímenes atroces,

y especialmente aquí en Texas.

Elegy for Good Friends Gone

What happened to those friends of my youth –
those for whom life was an endless party;
the ones who prattled hours of riches,
always elsewhere; the ones for whom a laugh
was an answer, life a bawdy joke;
the ones who sang away their nights
with joy – where have they gone?

They have fallen into earth, so many now.
Time is cruel with some, gentler with others.
But I think of them all, from time to time
count the fallen, count those times memory
still holds, count each new sunrise a blessing.
I chronicle our days, give our lives a chance
of not being swept under history's carpet.
Death grant peace to good friends gone
and those still with me to the final dance.

Elegía por los buenos amigos idos

¿Qué pasó con esos amigos de mi juventud –
esos para quienes la vida era una fiesta sin final;
los que charlaban horas de riquezas,
siempre en otro sitio; aquellos para los que una carcajada
era una respuesta, la vida un chiste obsceno;
los que pasaban las noches cantando
de alegría – dónde se han ido?

Se han ido a la tierra, tantos ya.
El tiempo es cruel con algunos, más compasivo con otros.
Pero pienso en todos ellos, de vez en cuando
cuento los caídos, cuento esos tiempos que la memoria
aún atesora, cuento cada nuevo amanecer como una bendición.
Hago la crónica de nuestros días, doy a nuestras vidas la
                                            oportunidad
de no ser barridas debajo de la alfombra de la historia.
Que la muerte conceda la paz a los buenos amigos idos
y a esos aún conmigo hasta la danza final.

Winter Burial

Bullets of snow blast the polished casket poised
in funeral home harness above the open grave.

Mourning family huddle close to one another,
drawn snug to the living, their backs buffeted

by hard gusts. Needles of ice probe napes of neck.
Vestments aflutter, numb-fingered, the priest

clings to his prayer book, while manic wind worries
the pages, snatches words, scatters them like flakes.

At the graveside slim fingers of snow writhe,
curl over and descend, while others leap the chasm.

Last words said, family, one by one, step to the fore,
red rose each – this final act of love and letting go.

The casket lowered, everyone turns away. Wind blows
mourners to cars. Left behind – red roses and snow.

Sepelio de invierno

Proyectiles de nieve golpean el pulido ataúd que hace equilibrios
colgando de unas correas sobre la tumba abierta.

En duelo, los familiares se juntan unos a otros,
 apretadamente abrigados, sus espaldas golpeadas

por fuertes ráfagas. Agujas de hielo exploran sus nucas.
Con la vestimenta aleteando, los dedos helados, el sacerdote

se aferra a su devocionario, mientras que el viento maniático acosa
las páginas, arrebata palabras, las esparce como copos de nieve.

Junto a la fosa se retuercen delgados dedos de nieve,
se ensortijan y descienden, mientras que otros saltan sobre el abismo.

Una vez dichas las últimas palabras, la familia, uno a uno, pasan
                                        al frente,
cada uno una rosa roja – este último acto de amor y dejar partir.

Desciende el ataúd, todos se alejan. Sopla el viento
los dolientes a los autos. Detrás quedan – rosas rojas y nieve.

Loose Lock

I dropped by.
Knocked on your door.
No one answered.

It doesn't matter.
All that I wanted
to tell you was

the lock of hair
that tumbled awry
and fell across

your left brow
reminded me of
my favorite aunt.

At once my heart
was haunted; slid
back through years,

all because of you,
your hair just so,
that loose lock.

Guedeja suelta

Fui por allá
Toqué en tu puerta.
Nadie respondió.

No importa.
Todo lo que quería
decirte era

que la guedeja
que caía ladeada
sobre

tu ceja izquierda
me hizo recordar a
mi tía favorita.

De inmediato mi corazón
quedó hechizado; se fue
de vuelta a través de los años,

todo por ti,
tu pelo así,
esa guedeja suelta.

Bleeding & Bruising

I bruise and bleed more easily these days.
I'm told it's a sign of aging – the skin
becomes wafer thin, fragile. I believe
this may be prevailing misinformation.
After all, I do not feel the least bit old.

This bruise-or-bleed phenomenon
means on any given day, my arm or leg
may appear as though I've tumbled
down a long flight of stairs.
"Where'd you get *that one*?" –
a greeting my good wife might use
over that first cup of morning coffee,
as she spies the fresh purple flower
in full bloom on my cup hand.

After my latest rejection from a magazine
where I've sought to place my poems,
I'll need a tourniquet to stanch the flow
of blood. The bruising is hideous
and I dare not go out in public
among my friends for several weeks.

Hemorragias y cardenales

Me hago cardenales y sangro más fácilmente por estos días.
me dicen que es señal de envejecimiento – la piel
se hace muy fina, frágil. Creo
que la información prevaleciente puede estar equivocada.
Después de todo, yo no me siento nada viejo.

El fenómeno de los cardenales o hemorragias
significa que cualquier día mi brazo o mi pierna
pueden aparecer como si me hubiese
caído por una larga escalera.
"¿Dónde te hiciste *ese*?" –
un saludo que mi buena esposa podría dirigirme
por sobre la primera taza del café matutino,
mientras espía la nueva flor púrpura
en plena florescencia sobre la mano con que sostengo la taza.

Luego del último rechazo de una revista
a la que había solicitado que publicara mis poemas,
necesitaré un torniquete para contener el fluir
de la sangre. Los cardenales son horrendos
y no me atreveré a salir en público
entre mis amigos por varias semanas.

Ruminations

Meditaciones

The Thief Reflects

Tell me, what have
I stolen from you
that you have missed?

Surely you know
I have taken only
inessential fragments

you would have shed
without my help.
I can in no way be

dismissed as common
thief, nor as cheap
trickster. You must

agree I am a thief
of impeccable taste:
I did choose you.

El ladrón reflexiona

Dime, ¿qué te
he robado
que eches de menos?

Seguro que sabes
que solo he tomado
fragmentos no esenciales

de los que te habrías despojado
sin mi ayuda.
De ninguna manera puedo

ser descartado como un ladrón
común, tampoco como un embaucador
ordinario. Debes estar

de acuerdo con que soy un ladrón
de impecable buen gusto:
yo te escogí a ti.

Journey

I move in ever smaller circles. It's not that I am doing
so much less. My pace befits the point I have reached.

As the circles diminish in size, there's a contradiction
of satisfaction looking back and anxiety for the road ahead.

But in the company of my fellow travellers I am at ease,
knowing that we are sharers all, still moving and moving still.

El viaje

Me muevo en círculos cada vez más pequeños. No es que esté
                                       haciendo
mucho menos. Mi paso se adecua al punto alcanzado.

Según los círculos disminuyen de tamaño, aparece una
                                       contradicción
de satisfacción al mirar atrás y ansiedad por el camino adelante.

Pero junto a mis compañeros de viaje me siento relajado,
sabiendo que todos somos participantes, aún en movimiento y
                                       en movimiento aún.

This Morning Mirror

Listen. We were young
and beautiful, too.
We did not invent love,
though we may have
taken credit for it,
once or twice.

Now this mirror
greets me daily
with sour lies —
lines and wrinkles,
age spots and jowls.

Ah, but the mask
is not the substance.
Love still burns deep,
glows deep inside.

Este espejo matutino

Escucha. Éramos jóvenes
y, también bellos.
No inventamos el amor,
aunque bien podríamos
habérnoslo acreditado,
una o dos veces.

Ahora este espejo
me saluda cada día
con agrias mentiras –
surcos y arrugas,
manchas de la edad y papadas.

Ah, pero la máscara
no es la substancia.
El amor aún arde en lo profundo,
refulge en lo profundo.

Morning Songs

Most mornings I wake with a song in my head.

A tune trickles into awareness, different
each morning, and while I've tried to link
song-invader to last-remembered dream,
I am a spectacular failure at connection.

Since I have you musing on wake-up songs,
why do we live our lives with huge
musical libraries like master recordings
catalogued and stored in recording studios?

I can not be the only one who wakes
to this lyrical Velcro clinging at the ready.
Why is it that the song picks me
and not the other way around?

I prefer to choose my own listening fare.
Mornings, it seems, I have no choice.
But then, I've never been chosen by a song
I've not heard or hummed before.

When the morning tune happens to be
a TV ad, or worse, a best-forgotten jingle,
it's not the most stimulating music to have
dogging your heels like a paranoid pet.

In the end, there are worse afflictions
than being shadowed by songs, even
a few lines of badly written ones.
As any poet will say: lines lead us places.

Canciones mañaneras

Casi todas de las mañanas me despierto con una canción en la cabeza.

Una tonada fluye hacia la conciencia, diferente
cada mañana, y aunque he tratado de vincular
la canción invasora con el último sueño recordado,
soy un fracaso espectacular conectando.

Puesto que te hago meditar sobre las canciones del despertar,
¿por qué vivimos nuestras vidas con enormes
bibliotecas musicales como archivos centrales
catalogadas y almacenadas en estudios de grabación?

No puede ser que yo sea el único que se despierta
con este Velcro lírico listo para pegarse.
¿Por qué es que la canción me elige
y no a la inversa?

Prefiero escoger la tarifa de lo que escucho.
De mañana, al parecer, no puedo elegir.
Sin embargo, nunca he sido escogido por una canción
que no haya escuchado o canturreado con anterioridad.

Cuando la tonada matutina resulta ser
un anuncio de TV, o peor aún, un retintín que es mejor olvidar,
no es la música más estimulante para tener
siguiéndote los pasos como una mascota paranoica.

A fin de cuentas, hay peores aflicciones
que ser perseguido por canciones, incluso
unos pocos versos de canciones mal escritas.
Como diría cualquier poeta: los versos nos llevan a los lugares.

To Have and To Hold

Sometimes it's judicious to keep your mouth closed;
truth is a tale that is not free of pain.
The injured so often are those we love most;
sometimes it's judicious to keep your mouth closed.
Knowledge can be either the thorn or the rose,
or a rising bile that we can not contain.
Sometimes it's judicious to keep your mouth closed.
Truth is a tale that is not free of pain.

Tener y poseer

A veces es juicioso mantener la boca cerrada;
la verdad es un cuento que no está libre de penas.
Los perjudicados son a menudo los que más amamos;
a veces es juicioso mantener la boca cerrada.
El saber puede ser bien la espina bien la rosa,
o una creciente amargura que no podemos contener.
A veces es juicioso mantener la boca cerrada.
La verdad es un cuento que no está libre de penas.

Nocturne

    1

Night is never dark enough for some.
There will always be things to hide.

Cold speaks its own language. Listen.
The deafest ear will hear something.

Fear not the night, the dark, the cold.
It is ourselves that we need to fear.

    2

An open heart will always be hurt.
Close it if you must. All hearts die.

Open hearts know the joy of yes.
Closed hearts only the pain of no.

Only a fool tries to stop the wind.
The same fool tries to stop hurt.

The open hand feels good about itself.
The closed hand always wonders why.

Nocturno

1

La noche nunca es suficientemente oscura para algunos.
Siempre habrá cosas que esconder.

El frío habla su propio lenguaje. Escucha.
El oído más sordo escuchará algo.

No temas a la noche, a la oscuridad, al frío.
Es a nosotros mismos a lo que debemos temer.

2

Un corazón abierto siempre será herido.
Ciérralo si debes hacerlo. Todos los corazones mueren.

Los corazones abiertos conocen la dicha del sí.
Los corazones cerrados solamente la pena del no.

Solo un tonto trata de detener el viento.
El mismo tonto trata de detener el daño.

La mano abierta se siente bien de sí misma.
La mano cerrada siempre se pregunta por qué.

Apples

Some days the words
just won't show up, as if
my language files were

ransacked during the night,
or my memory forgot
how to name things.

I reach out to pluck
the first apple and it
recedes before my touch.

No matter how quick
my hand, the fruit
eludes my fingers.

Need drives the mind
and the hand to reach,
the tongue to mouth the O,

the throat to sing,
sing the heart free
of its cage. Only need

can free the music,
grasp the apple,
taste its flesh.

Manzanas

Algunos días las palabras
sencillamente no aparecen, como si
mis archivos de lenguaje fueran

saqueados durante la noche,
o mi memoria olvidara
como nombrar las cosas.

Extiendo la mano para arrancar
la primera manzana y esta
retrocede ante mi contacto.

No importa cuán rápida sea
mi mano, la fruta
elude mis dedos.

La necesidad impulsa a la mente
y a la mano a extenderse,
a la lengua a articular la O,

a la garganta a cantar,
a liberar cantando al corazón
de su jaula. Solo la necesidad

puede liberar la música,
coger la manzana,
saborear su carne.

Pride Goeth...

There was something pathetic about it all –
admission, apology, embarrassment, the fall
from lofty heights, descent to abject shame.

In the aftermath, which of us can not recall
our own moments of misery, attempts to stall
what we knew would seek us out: our blame?

No excusing or condoning hateful words that fall
upon the innocent. No matter how we try to call
on tolerance, it is always a finger-pointing game
we fall into, every time we scourge the name

of one whose fall from grace is evident to all.
Instead of heaping scorn, better that we'd call
upon our reservoir of love, a balm for blame;
our reservoir of love, a balm for blame.

Orgullo y luego...

Había algo patético acerca de todo esto –
la confesión, la disculpa, la vergüenza, la caída
desde sublimes alturas, el descenso al bochorno abyecto.

Después, ¿quién de nosotros ha de olvidar
nuestros momentos de miseria, los intentos por apartar
lo que sabíamos que iría tras nosotros: nuestra culpa?

Sin excusar o condonar palabras odiosas que caen
sobre los inocentes. No importa cuánto tratemos de ser
tolerantes, siempre caeremos en el juego de las
mutuas acusaciones, cada vez que azotemos el nombre

de aquel cuya caída en desgracia resulta evidente para todos.
En lugar de acumular desprecio, mejor sería que acudiéramos
a nuestra reserva de amor, un bálsamo para la culpa;
nuestra reserva de amor, un bálsamo para la culpa.

Presences & Absences

What matters
most
in my life
is the comfort
I know
because you
are here,

but even more,
the spear
of fear
I know
your absence
would bring.

Presencias y ausencias

Lo que más
importa
en mi vida
es este bienestar
que siento
porque estás
aquí,

pero aún más,
esa lanza
de pavor que
yo sé bien
tu ausencia
traería.

Fragments

Why do memories seldom appear as full-blown narratives,
but instead, as slivers of happening, fleeting faces, bubbles
bursting away into nothing? Mere fragments.

Hmmm... this notion...yes, you say to yourself,
at the moment the vision appears. But before you have
a chance to write a word, *poof!* Vanished like a genie.

Why is it these remembrance-shreds seldom return?
And why can nothing entice them from their hiding –
somewhere in the mysterious reaches of the brain,

where they cower like fugitives on the run? Perhaps
the brain is not memory's sanctum. Perhaps elusive
recall slips through our blood stream and other organs?

If we recall the smell of that childhood visit to the barn
or to the bakery, maybe those sensory images are stored
among the olfactory nerves? Perhaps in the workings

of the inner ear, its canals and membranes, some DVD
of blood and nerves holds the sound of mother's voice –
fairy tales or nursery rhymes in the quiet before sleep?

Fragmentos

¿Por qué los recuerdos rara vez aparecen como narraciones
                                        completas,
sino como astillas de acontecimientos, rostros fugaces, burbujas
que estallan en la nada? Meros fragmentos.

Um... esta idea... sí, meditas,
cuando aparece la visión. Pero antes de que puedas
escribir una palabra, ¡puf! Se desvanece como un genio.

¿Por qué es que estos girones de recuerdos raramente regresan?
¿Y por qué es que nada puede seducirlos para que salgan de
                                        su escondite –
en algún lugar de los rincones misteriosos del cerebro,

donde se agazapan como fugitivos que huyen? Quizás
el cerebro no es el santuario de la memoria. ¿Quizás el recuerdo
escurridizo resbala a través de nuestro torrente sanguíneo y otros
                                        órganos?

Si recordamos el olor de aquella visita al establo en la niñez
o a la panadería, ¿puede que las imágenes sensoriales estén
                                        almacenadas
en los nervios olfatorios? ¿Quizás en los mecanismos

del oído interno, sus canales y membranas, algún DVD
de sangre y nervios contiene el sonido de la voz materna –
los cuentos de hadas o las canciones infantiles en la quietud de
                                        antes de dormir?

Hourglass

The evidence lies everywhere. Grains of sand.
Our days are lost in the trivia of meetings,
appointments, To-Do lists, post-it notes stuck

to cupboard doors where we can't miss them,
magneted to the refrigerator like commandments,
or posted like tearful pleas for lost kittens,

terse reminders how our lives have become
a musical score of comings and leavings,
the sound and voice of calendars and daybooks.

We ignore the image – the bottom half,
its increasing sand. It is funerals we attend
with growing frequency that give us pause,

make us feel the measure, the urgency,
the anticipatory snare drum roll.
Beat by beat, grain by grain.

Reloj de arena

La evidencia está por todas partes. Granos de arena.
Nuestros días se van en la trivialidad de reuniones,
citas, listas de qué hacer, esquelas pegadas

a la puerta de la alacena dónde no podemos dejar de verlas,
adheridas con un imán al refrigerador como mandamientos,
o anunciadas como súplicas llorosas por gatitos perdidos,

tersos recordatorios de cómo nuestras vidas se han convertido
en una partitura de llegadas y partidas,
el sonido y la voz de calendarios y prontuarios.

Ignoramos la imagen – la mitad del fondo,
su creciente cantidad de arena. Son los funerales a los que vamos
con creciente frecuencia los que nos hacen detenernos,

sentir la medida, la urgencia,
el anticipatorio tamborileo in crescendo.
Toque a toque, grano a grano.

Offering

What am I to offer
this day, or any day –
add my voice to the shrill
wail and rail against
the permanence of injustice –
against being either man
or woman in a world that treats
either with equal disdain?
Add my cry to the decibels
of anguish, to all hearts
that cry out their messages
of lost hope and despair?

There is nothing I can offer,
but love. Let me say it again:
there is nothing I can offer
you, or anyone, but love.
Love is all there is
can save us from what we are.
Only love redeems, now
and ever more.
Only love redeems, now
and ever more.

Ofrenda

¿Qué puedo ofrecer
en este día, o cualquier día –
añadir mi voz los estridentes
gemidos y reclamos contra
la persistencia de la injusticia –
en contra de ser hombre
o mujer en un mundo que los trata
a ambos con igual desdén?
¿Añadir mi grito a los decibeles
de angustia, a todos los corazones
que claman sus mensajes
de esperanzas perdidas y desesperación?

No hay nada que yo pueda ofrecer,
más que amor. Déjame decirlo de nuevo:
no hay nada que yo pueda
ofrecerte, o a cualquiera, sino amor.
Amor es todo lo que hay
que pueda salvarnos de lo que somos.
Solo el amor redime, ahora
y para siempre.
Solo el amor redime, ahora
y para siempre.

Beauty is Where You Find It

La belleza está donde la encuentres

Acceptable Distances

The white-tail doe
poised before my cabin,

large ears up and alert,
watches my approach,

its eyes lustrous pools
of wary trust.

As the distance
between us shrinks,

its body tenses,
a shiver runs

along its sleekness,
as its tolerance

of humans stretches
its margin of comfort.

The deer bounds
off several yards,

stops, turns
to study me again,

this time at a remove
of its own choosing.

Distancias aceptables

La gama de cola blanca
erguida ante mi cabaña,

las grandes orejas alzadas y alertas,
me mira mientras me acerco,

sus ojos lagos lustrosos
de confianza cautelosa.

Mientras la distancia
entre nosotros disminuye,

su cuerpo se tensa,
un temblor fluye

a lo largo de su lustre,
en tanto que su tolerancia

a los humanos extiende
su margen de lo aceptable.

La venada se aleja de un
salto a varias yardas,

se detiene, se vuelve
a estudiarme de nuevo,

esta vez a una distancia
elegida por ella.

Small and Feathered

Through my cabin window
needled branches interlace
against a splash of sky.
A fidgety Tree Sparrow
perches on the drooping
finger of spruce a moment,
adding an apprehensive note
to a subdued backdrop
of trees and sky.

The bird frets its way
along the thin bone of spruce,
stops a moment,
and I wonder
what thoughts, if any,
run through its mind
this splendid morning?

Exorbitant gas prices?
Not an iota. Nor taxes,
nor promises unkept.
But surely every small bird
must, from time to time,
cease its song to reflect
on the precariousness
of being small
and feathered in a world
that prizes neither.

Pequeño y emplumado

A través de la ventana de mi cabaña
ramas entretejidas se entrelazan
contra una salpicadura de cielo.
Un inquieto gorrión de monte
se posa por un momento
en el dedo curvo de un abeto,
añadiendo una nota de recelo
a un suavizado telón de fondo
de árboles y cielo.

El ave se abre paso apresurado
a lo largo del fino hueso del abeto,
se detiene por un momento,
y yo me pregunto
¿qué pensamientos, si acaso alguno,
pasan por su mente
en esta mañana espléndida?

¿Los precios exorbitantes de los combustibles?
En lo más mínimo. Ni impuestos,
ni promesas rotas.
Pero de seguro cada ave pequeña
debe, de vez en cuando,
dejar de cantar para reflexionar
acerca de lo precario
de ser pequeño
y emplumado en un mundo
que no recompensa ninguna de estas cualidades.

Make It Last

A flash of orange and black
through sun-splattered aspen leaves,
the faintest glimpse of Baltimore Oriole;
or the brilliant scarlet shoulder sheen
as a Red-winged Blackbird warbles
from its wind-bent cat-tail perch;
or a high-above dissonant clamour
of a passing startle of Snow Geese
etched white on unmarred blue:
rare moments the willfully blind
view as commonplace, or do not see.
Beauty surrounds us – no charge,
no previous experience needed.
Stand awhile. Look and listen.
Make it last.

Haz que perdure

Un destello de anaranjado y negro
a través de hojas de álamo salpicadas de sol,
el más leve atisbo del turpial de Baltimore;
o el lustre escarlata brillante del hombro
cuando un mirlo de ala roja gorjea
desde su posición sobre una caña doblada por el viento;
o el disonante clamor en lo alto
de la maravilla pasajera de gansos de las nieves
esculpidos en blanco contra el azul inmaculado:
raros momentos que el ciego a voluntad
mira como algo común, o no ve.
La belleza nos rodea – sin costo alguno,
sin experiencia previa necesaria.
Quédate quieto un rato. Mira y escucha.
Haz que perdure.

The Watcher

Songbirds, an ongoing commotion in the birches.
Waves lap sun-bleached wood of the boat dock.

Across the bay toothy spruce serrate the sky.
Blue meets blue. In water, concentric circles.

Red squirrel worries over fallen leaves.
Wind gusts and leaves launch a soft shuffle.

El espectador

Aves canoras, una conmoción continua en los abedules.
Las olas lamen la madera del muelle blanqueada por el sol.

Al otro lado de la bahía los colmillos de los abedules sierran el cielo.
El azul se mezcla con el azul. En el agua, círculos concéntricos.

La ardilla roja se ufana sobre las hojas caídas.
La briza y las hojas inician una suave tonadilla.

Beauty is Where You Find It

Why deny beauty
can illuminate a January day
when wind has taken a break
and the air is a hush,
a blanket of expectation?

Even that miserly sun,
that furtive fox
creeping ever southward,
bounces brilliant diamond facets
off sculpted snow,
mauve with shadow.

This winter postcard
pleases me, even though
I do not stand long
admiring the chill wonder
of glistening snow, caught
between contradictions –
beauty or warmth.

La belleza está donde la encuentras

¿Por qué negar que la belleza
puede iluminar un día de enero
cuando el viento ha hecho una pausa
y el aire es todo quietud,
una nube de expectativas?

Incluso ese pobre sol,
ese zorro furtivo
que se arrastra siempre hacia el sur,
hace saltar brillantes facetas diamantinas
de la nieve esculpida,
malva con sombra.

Esta postal invernal
me complace, aunque
no permanezco por mucho tiempo
admirando la helada maravilla
de la nieve resplandeciente, capturado
entre contradicciones —
la belleza o la calidez.

Winter at Emma Lake

In June I gaze out the cabin window,
imagine what I would see were this
a morning in the bleak of January.

The stolidness of black spruce would
be here, perhaps newly bowed
with a weight of fresh snow.

The white crust would be pocked
with distinct marks of those animals
not locked in hibernation dreams.

No water sound, no lap and swirl,
or water whisper, just muted wind
shouldering through dark woods.

This rippled lake metamorphosed
to a dazzle of white plain,
tossing glints of the slinking sun.

Chipmunks and squirrels silent.
Grebes, loons and songbirds flown.
Only Raven's wintry croaks.

Invierno en el Lago Emma

En junio me asomo por la ventana de la cabaña,
imagine lo que podría ver si
esta fuera una mañana desolada de enero.

Aquí estaría la apatía del abeto
negro, quizás recién arqueado
con una carga de nieve fresca.

La costra blanca estaría marcada
por las nítidas huellas de los animales que
no están encerrados en sueños de hibernación.

No hay sonidos de agua, ni chapoteos y remolinos
o suspiros acuáticos, solo el viento mudo
abriéndose paso a través del bosque oscuro.

Este lago de aguas onduladas se metamorfoseó
en el resplandor de una pradera blanca,
que arroja destellos del sol furtivo.

Ardillas rayadas silenciosas.
Zampullines, somorgujos y aves canoras emigraron.
Solo los graznidos invernales del cuervo.

Mourning Dove

The cry fills the air,
the sadness of loss,
of broken hearts,
of the missing,
the beaten
and the abused.

Listen to it reach
inside each soul
and turn it inside out.

Who hears a mourning dove
without remembering
those no longer with us
to hear its song?

Paloma torcaz

El lamento llena el aire,
la tristeza de la pérdida,
de los corazones deshechos,
de la nostalgia,
los golpeados,
los abusados.

Escúchalo llegar
hasta cada alma
y virarla de revés.

¿Quién que escuche una paloma torcaz
no ha de recordar a
aquellos que ya no están entre nosotros
para escuchar su canción?

Paper Birches

The clump birches
beside the lakeshore
are slowly peeling off
their papery attire
like well-practised
lovers intent
on sustaining that
delicate tension
between fantasy
and reality.

Abedules

Los abedules enracimados
junto al lago
se están despojando lentamente de
su atavío de papel
como el bien practicado
intento de los amantes
por sostener esa
tensión delicada
entre la fantasía
y la realidad.

Emma Lake Vespers

I am curious
to see whether
    that paper birch
leaf
       succeeds
in capturing
just enough breeze
to make
        a further
quarter-turn
          and hold,
if only for
        a moment,

within its cup

            the dropping sun.

Vespertinos en el Lago Emma

Siento curiosidad
por ver si
    esa hoja de papel
de abedul
      logra
capturar
la brisa necesaria
para hacer
        otro
cuarto de vuelta
          y aprehender,
aunque sea solamente por
          un momento,

en su copa

            el sol poniente.

Late October Woods

I love autumn aspen woods –
the clinging mildew
              of fallen leaves,
a sudden sense of antiquity
gathering in the nostrils like
musty cellar memories,
a constant reminder
              of how earth
replenishes itself yearly.

I love the way
              each footfall releases
a burst of aromas to the senses.
I can even empathize
              with these
wind-stripped trees,
how they stand stoic,
denuded,
awaiting winter's breath
              to turn them
brittle skeletons
clacking and clattering
              against each other
like ill-fitting dentures.
These trees will be
              locked into
long night dreams
              of re-awakenings,
              of finding Spring.

Bosque a fines de octubre

Me gustan las alamedas en otoño –
el moho que cuelga
                de las hojas muertas,
un súbito sentido de antigüedad
que se junta en el olfato como
recuerdos de un sótano mohoso,
el constante recordatorio
                de cómo la tierra
se reabastece a sí misma cada año.

Me gusta la forma en que
                cada pisada despliega
un torrente de aromas para los sentidos.
Incluso puedo simpatizar
                con esos
árboles desvestidos por el viento,
como se yerguen aquí estoicos,
desnudos,
esperando por el aliento invernal
                que los convertirá
en esqueletos ondulantes
que temblarán y se golpearán
                unos con otros
como dentaduras mal ajustadas.
Estos árboles estarán
                encerrados en
largos sueños nocturnos
                de nuevos despertares,
                de encontrar la primavera.

Autumn Thoughts

This colour cornucopia
of crimsons and golds –
autumn's passion.

       Nature dies
       with such flamboyance,
       such acrylic outbursts.

I gaze at this flaunting
of fiery hues
and unbidden names
flash into my mind.

       I have seen too many
       friends too soon
       to the grave.

Their eulogies remind
how each green maple's
leaves must flame and fall.

       With winter's first snow
       I yearn for Spring
       to breathe life back
       into the maple veins.

Pensamientos de otoño

Esta cornucopia de colores
de carmines y oros —
pasión de otoño.

      Muere la naturaleza
      con tanta extravagancia,
      con arrebatos acrílicos.

Contemplo esta ostentación
de fieros matices
y nombres imprevistos
relampaguean en mi mente.

      He visto a demasiados
      amigos ir demasiado
      temprano a la tumba

Sus panegíricos recuerdan
como cada verde hoja de
arce debe flamear y caer.

      Con las primeras nieves del invierno
      yo anhelo que la Primavera
      regrese con su aliento
      la vida a las venas del arce.

Early Arrivals

Look at them standing there. Observe
sheer puzzlement in their demeanors.

Two stand together, another pair close;
farther away, a straggler wandering,

lost in soliloquy. They all inch along,
tentative as octogenarians, carping, no doubt

concerning the pond's unacceptable state,
the thick ice beneath their webbed feet.

It is March. The Canada Geese are back,
prepared to get on with their life work

of nests, eggs, and goslings, who will,
in turn, take their place here a future March.

The essential ingredient lacking from their
home-making agenda – water. So they stand,

muttering to one another, perhaps discussing
alternative strategies, new nest locations.

They edge out across the ice, purposeless
as movie extras shown up on the wrong set.

Primeras llegadas

Mírenlos allí de pie. Observen
la total perplejidad en su conducta

Dos parados juntos, otra pareja cerca;
más allá, un rezagado deambula,

extraviado en soliloquio. Todos adelantan lentamente,
tentativos como octogenarios, críticos, no hay duda

del estado inaceptable de la charca,
del grueso hielo bajo sus patas palmeadas.

Es marzo. Los Gansos Canadienses están de regreso,
preparados para proseguir con la labor de su vida

de nidos, huevos, y ansarinos, quienes, en su momento,
ocuparán sus lugares aquí en un marzo futuro.

El ingrediente esencial que falta en su
agenda de construcción del hogar – agua. Así que siguen ahí,

refunfuñando entre ellos, discutiendo quizás
estrategias alternativas, nuevos lugares para los nidos.

Avanzan a través del hielo, indecisos como extras
de una película que aparecieran en un set equivocado.

The Man Who Swam with the Loons

for Art Coelho

He was not even aware of them
until he found himself close
to the pair of adults and one fledgling.
He became conscious of eyes on his nudity
as he lay prone in a float during the morning swim,
moving his hands and feet as little as possible.
The loons simply appeared,
their eyes on an unusual gleaming white body
floating along the surface like beaver handiwork –
some large, bark-peeled poplar, drifting
towards an unapparent purpose.

He was surprised to find them inspecting
his presence, not with the customary alarm
most creatures pay humans for good reasons.
To the loons he was simply a floating thing
that bore no outward sign of malice and so
could be tolerated, if not accepted.
In the water he felt himself merge with them,
as he had with the lake itself,
into something unexpressed but understood.
Feathers grew to enclose him,
webbing filled in between his toes
and he felt his body's buoyancy lift him from the water.
Joy rang from his lips, a trembling trill
resounding across the stillness.

El hombre que nadaba con los somorgujos

para Art Coelho

Ni siquiera los había notado
hasta que estuvo cerca
del par de adultos y un polluelo.
Tomó conciencia de los ojos en su desnudez
mientras flotaba bocabajo durante su chapuzón matutino,
moviendo sus manos y pies lo menos posible.
Los somorgujos simplemente aparecieron,
sus ojos en un inusual cuerpo relucientemente blanco
flotando por la superficie como una obra de castores –
algún álamo grande, descascarado, a la deriva
hacia algún propósito no evidente.

Él se sorprendió al verlos inspeccionar
su presencia, no con la alarma acostumbrada que la mayoría
de las criaturas muestran ante los humanos por buenas razones.
Para los somorgujos él era simplemente un objeto flotante
que no mostraba signos externos de malicia y por tanto
se podía tolerar, si no aceptar.
En el agua él sintió asociarse con ellos,
como lo había hecho con el propio lago,
formando algo no expresado pero comprendido.
Las plumas crecieron para circundarlo,
membranas llenaron el espacio entre los dedos de sus pies
y sintió la liviandad de su cuerpo elevarlo del agua.
El gozo resonó en sus labios, un trino tembloroso
que repercutió a través de la quietud.

Disclaimers

Descargos de responsabilidad

Accounting Practice Disclaimer

Rashness has led me to indiscretion,
though I also have been known
to err on the long side of caution:
admissions of imperfection.

I have not failed to love you,
though I have failed to tell you
as often as I ought. We offset
our debits with our credits.

Eventually we'll be audited.
Let us render our accounts in ink,
no pencil-fudged entries,
this tally of checks and balances.

Descargo de responsabilidad contable

La imprudencia me ha llevado a la indiscreción,
aunque también se me conoce
por errar en el amplio espacio de la cautela:
admisiones de imperfección.

No he dejado de amarte,
aunque he dejado de decírtelo
con la frecuencia que debía. Compensamos
nuestros débitos con nuestros créditos.

Eventualmente seremos auditados.
Hemos de rendir nuestras cuentas en tinta,
sin entradas chapuceadas a lápiz,
este inventario de frenos y balances.

Little Enough
remembering John Newlove

What we want from the start,
most of us, is never little.

Our dreams, our desires
seldom come as miniatures.

Our appetites are rapacious,
our lusts loom mountainous.

Time erodes them all –
dreams, desires, appetite, lust.

Floating dust motes in our lives.
Little becomes its own desire,

its own measure. Little will do.
It is little, but it is little enough.

Poco basta
recordando a John Newlove

Lo que queremos desde el comienzo,
la mayoría de nosotros, nunca es poco.

Nuestros sueños, nuestros deseos
raramente surgen como miniaturas.

Nuestros apetitos son rapaces,
nuestras lujurias aparecen descomunales.

A todos los derrubia el tiempo –
sueños, deseos, apetito, lujuria.

Motas de polvo que flotan en nuestras vidas.
Lo poco se convierte en su propio deseo,

en su propia medida. Lo poco alcanzará.
Es poco, pero es poco que basta.

March Musing

Alone with my thoughts
I reflect on so many themes,
but so often these musings
return to you, the centre
of my world and the wonder
of it all, the serendipity,
if indeed such matters ever are,
that we managed somehow,
with all the infinite permutations
and random rolls of the dice,
to have found each other.

For we have saved each other
and we have both been saved.
In the finding, lay the saving;
in the saving, lay the finding.

Meditaciones de marzo

A solas con mis pensamientos
pienso en tantas cosas,
pero muy a menudo estas meditaciones
regresan a ti, el centro
de mi mundo y su milagro
todo, la facultad de hallazgos inesperados,
si en realidad esas cosas existen,
por la que de algún modo,
con todas las infinitas permutaciones
y azarosas vueltas de los dados,
nos hayamos encontrado.

Porque nos hemos salvado uno al otro
y ambos hemos sido salvados.
En el descubrimiento, estuvo la salvación;
en la salvación, estuvo el descubrimiento.

Being Alone

I've just finished reading
two books of poems,
two voices aching with the pain
of losing a partner. One poet
near fifty, the other past sixty.
Their grief drags a fingernail
shrieking across the chalkboard
of my contentment, sending
shivers of uneasiness through me.
I try to imagine the agony
of being alone, after all these
years of love. It is too disturbing.
Hard somehow to imagine,
but harder still to bear
these imaginings.

It is foolish to dwell on fear.
Is survival founded on preparedness?
It will happen – to one of us,
that much is a given.

I'd rather not consider it.
I'd rather live with the premise,
faulty or not, that we will always
be two people who have shared
it all – joys and tribulations –
and will continue to do so
as far as we are allowed to see.

A solas

Acabo de terminar de leer
dos libros de poemas,
dos voces que se duelen
por la pérdida de la pareja. Un poeta
de cerca de cincuenta, otro pasados los sesenta.
Su aflicción raspa una uña
chirriando sobre la pizarra
de mi complacencia, enviando
escalofríos de desazón a través de mí.
Trato de imaginar la agonía
de estar solo, luego de todos estos
años de amor. Resulta demasiado perturbador.
Difíciles de imaginar,
pero aún más difíciles de soportar
estas fantasías.

Es tonto pensar demasiado en el miedo.
¿La supervivencia depende de la preparación?
Esto le sucederá – a uno de nosotros,
eso al menos está garantizado.

Mejor no pienso en eso.
Mejor vivo con la suposición,
fallida o no, de que siempre
seremos dos que lo han compartido
todo – alegrías y tribulaciones –
y que continuaremos haciéndolo
hasta donde nos sea permitido ver.

Resisting the Urge to Speak

Most so-called perks
of aging are as meritorious
as headaches or diarrhea.
But one positive benefit
of this slowing down
of time's train
in the long tunnel,
I believe I have
become less impetuous,
less hasty with retorts,
far less inclined
to hurl a verbal lance
back at its tosser.
This serves me well.

Just the other night
I kept my mouth
firmly clamped,
even in the face
of what I deemed
an unjustified attack.
I allowed silence
to be my armor
and my solace.
Today I feel better
for having braked
my tongue. There is
no guarantee this will
always be the case.
Many pot-holes strew
the winding road
to wisdom.

Resistiendo el deseo de hablar

La mayoría de las llamadas ventajas
de envejecer son tan meritorias
como los dolores de cabeza o la diarrea.
Pero un beneficio positivo
de esta desaceleración
del tren del tiempo
en el largo túnel,
es que creo haberme
vuelto menos impetuoso,
menos apresurado en mis réplicas,
mucho menos inclinado
a lanzar un ataque verbal
de regreso al que lo inició.
Esto me ayuda mucho.

Justo la otra noche
mantuve la boca
firmemente cerrada,
incluso ante
lo que consideraba
un ataque injustificado.
Dejé que el silencio
fuera mi armadura
y mi solaz.
Hoy me siento mejor
por haber contenido
mi lengua. No hay
garantía de que esto
será siempre así.
Hay muchos baches a lo largo
de los sinuosos caminos
que llevan a la cordura.

Staying the Course

On occasion I ponder the good fortune
that has allowed me to remain married
to the same woman a half century,
in a world where six in ten unions end
in divorce and third and fourth marriages,
formalized or not, are commonplace.

Once in a while I am apt to muse
whether it may be you and I who
are out of step with our peers
in our apparent determination to remain
as one. But then I consider our four children
and note that they, too, appear to have
inherited the fidelity gene. Perhaps
like their parents, they resist
unwanted upheavals and change.

I am not complaining, you understand.
It's just that whenever I hear of those
who, after years together, decide to go
their separate ways, I have an uneasy moment
where I think perhaps they may know
something we don't. But, on second thought,
I figure people, who need twenty-five years
to discover they are ill-suited,
can hardly be held up as exemplars.

Manteniendo el rumbo

De vez en cuando pondero la buena fortuna
que me ha permitido permanecer casado
con la misma mujer durante medio siglo,
en un mundo en el que seis de diez uniones terminan
en divorcio y terceros y cuartos matrimonios,
formalizados o no, son banales.

De cuando en cuando me inclino a meditar
si seremos tú y yo los que
estamos fuera de lugar con nuestros pares
en nuestra ostensible determinación de permanecer
unidos. Pero entonces pienso en nuestros cuatro hijos
y noto que ellos también parecen haber
heredado el gen de la fidelidad. Quizás
como sus padres, ellos se oponen a las
conmociones y los cambios indeseables.

No me quejo, tú entiendes.
Es solo que siempre que oigo hablar de
esos que, luego de años juntos, deciden irse
por caminos diferentes, sufro de un momento de inquietud
en el que pienso que quizás ellos puede que conozcan
algo que nosotros no conocemos. Pero, después de pensarlo bien,
supongo que los que necesitan veinticinco años
para descubrir que no están hechos uno para el otro
difícilmente puedan ser ejemplos.

Epilogue

Epílogo

Six Reasons I Write Poems
... remembering John V. Hicks

A poem empowers the child in me
    to emerge and show me the way;

I've discovered through poems
    what I otherwise wouldn't know;

Each of my poems is a small tile
    in the ongoing mosaic of my life;

I like the state I'm in when a poem
    takes hold and won't let go;

I love the subtle way words can map
    their own path through the forest;

Poems allow me to share with strangers
    moments of intimate intensity.

Seis razones por las que escribo poemas
... recordando a John V. Hicks

Un poema confiere poderes al niño que hay en mí
   para que surja y me muestre el camino;

He descubierto a través de los poemas
   lo que de otra forma no habría conocido;

Cada uno de mis poemas es un pequeño azulejo
   en el continuo mosaico de mi vida;

Me gusta sentir que un poema
   se aferra y no cede;

Amo la forma sutil en que las palabras pueden trazar el mapa
   de su propia ruta a través del bosque;

Los poemas me permiten compartir con extraños
momentos de íntima intensidad.

Glen Sorestad

Glen Sorestad

Glen Sorestad was born in Vancouver, but moved to the prairies when he was ten and grew up on a farm in east-central Saskatchewan, attending a one-roomed country school. He later became a schoolteacher and taught for over 20 years, the last dozen years in a high school in Saskatoon. He earned a Master's Degree in Education (with distinction) from the University of Saskatchewan. He began writing seriously in 1968, co-founded Thistledown Press in 1975 with his wife, Sonia, and quit teaching in 1981 to pursue his writing and publishing activities. He was President of Thistledown Press from 1975 to 2000 when he and Sonia retired from literary publishing.

Over the years, Sorestad's poetry and stories have been published across Canada, in the United States, in England, Scotland, Denmark, Finland, Norway, South Africa and Slovenia. He has authored or co-authored over twenty volumes of poems and his poetry has been frequently broadcast on CBC radio, on radio stations in the United States, and on state public radio in Norway and Slovenia. His poetry has been translated into several languages including French, Spanish, Norwegian, Finnish, Slovenian and Afrikaans. He is the editor or co-editor of many anthologies of poetry and stories, including most recently an international anthology, *Something to Declare*, by Oxford University Press and a poetry anthology, *In The Clear*, from Thistledown Press. His poems have appeared in over 50 different anthologies and textbooks. One of his volumes of poetry has been the primary source for the play, *A Place in the Shade* by Rodney McLean. His short stories have also been anthologized; one of his stories was produced for television in Canada by Bravo TV.

Sorestad has given well over 300 readings of his work in every province of Canada and in 15 states of the U.S. He has also read his poetry in Strasbourg, France, at several places in Norway, including a literary salon in his honour at the Canadian Ambassador's residence in Oslo. He was a featured poet at two important international literary events: the 2001 Lahti International Writers Reunion in Finland and Vilenica 2002 in Slovenia. Over the years, he has presented his poetry publicly in diverse venues – schools, colleges and universities, libraries, art galleries, bookstores, restaurants, coffee bistros, bars, community halls, churches, maritime museums, ski resorts, private clubs, a Medieval castle in Slovenia – even in the Cowboy Hall of Fame in Lea County, New Mexico. Most recently in March 2010, he read his poems in Norman, Oklahoma backed up by a jazz ensemble, The Dennis Borycki Trio.

In 1999, Sorestad was honoured with Life Member status in the League of Canadian Poets. In November of 2000, he was appointed the first Poet Laureate of Saskatchewan, becoming the first provincially or federally appointed Poet Laureate in Canada and serving until 2004. He was awarded the Saskatoon Book Award in November 2001 for *Leaving Holds Me Here*. In February 2003, Sorestad was a recipient of the Queen's Golden Jubilee Medal. He was granted Life Membership in the Saskatchewan Writers Guild in 2009. He was appointed a Member of the Order of Canada on June 30th, 2010.

His poetry volumes include: *Prairie Pub Poems* (1973), *Wind Songs* (1975), *Pear Seeds in My Mouth* (1977), *Ancestral Dances* (1979), *Jan Lake Poems* (1984), *Hold the Rain in Your Hands* (1985), *Stalking Place* (1988), *Air Canada Owls* (1990), *West Into Night* (1991), *Jan Lake Sharing* (1993), *Birchbark Meditations* (1996), *Icons of Flesh* (1998), *Today I Belong to Agnes* (2000), *Leaving Holds Me Here: Selected Poems 1975-2000* (2001), *Dreaming My Grandfather's Dreams* (2002), *Grasses & Gravestones* (2003), *Blood & Bone, Ice & Stone* (2005), *Halo of Morning* (2006), *Language of Horse* (2007), *Road Apples* (2009), and *What We Miss* (2010).

Glen Sorestad

Glen Sorestad nació en Vancouver, pero a los diez años se mudó a las praderas y creció en una granja al este de Saskatchewan donde asistió a una pequeña escuela rural. Luego se hizo maestro y practicó la enseñanza por más de veinte años, los últimos doce años en una escuela secundaria de Saskatoon. Obtuvo el título de Máster en Educación (con sobresaliente) de la Universidad de Saskatchewan. Comenzó a escribir seriamente en 1968. Junto a su esposa, Sonia, fundó Thistledown Press en 1975 y dejó la enseñanza en 1981 para dedicarse a actividades literarias y editoriales. Fue presidente de Thistledown Press desde 1975 hasta el 2000, cuando él y Sonia se retiraron de la publicación literaria.

A lo largo de los años, la poesía y los cuentos de Sorestad han sido publicados por todo Canadá, en Inglaterra, Escocia, Dinamarca, Finlandia, Noruega, Sudáfrica y Eslovenia. Ha sido autor y coautor de más de veinte volúmenes de poemas y su poesía se ha transmitido frecuentemente por la radio de la CBC, en estaciones de Estados Unidos, y en la radio estatal pública de Noruega y Eslovenia. Su poesía ha sido traducida a numerosas lenguas incluyendo francés, español, noruego, finés, esloveno y africaans. Sorestad es editor o co-editor de numerosas antologías de poesía y cuentos, incluyendo más recientemente una antología internacional, *Something to Declare*, por la Oxford University Press, así como una antología de poesía, *In the Clear*, por Thistledown Press. Sus poemas han aparecido en más de cincuenta antologías y libros de texto. Uno de sus volúmenes de poesía ha sido la principal fuente de la obra teatral *A Place in the Shade* por Dodney McLean. Sus cuentos también han sido antologizados; uno de sus cuentos fue producido para la televisión en Canadá por Bravo TV.

Sorestad ha ofrecido más de 300 lecturas de su obra por todas las provincias de Canadá y en 15 estados de EEUU. También ha leído su poesía en Estrasburgo, Francia, en varios lugares de Noruega, incluyendo un salón literario que se realizara en su honor en la residencia del Embajador Canadiense en Oslo. Ha sido el poeta invitado en dos importantes eventos literarios: la Reunión Internacional de Escritores Lahti 2001 en Finlandia y el

Vilenica 2002 en Eslovenia. A lo largo de los años, ha presentado su poesía en diversos escenarios – escuelas, colegios, universidades, bibliotecas, galerías de arte, librerías, restaurantes, bares, centros comunitarios, iglesias, museos marítimos, estaciones de esquí, clubes privados, un castillo medieval en Eslovenia – incluso un Pabellón de la Fama de Vaqueros en Lea County, Nuevo México. Más recientemente en marzo de 2010, leyó sus poemas en Norman, Oklahoma secundado por una orquesta de jazz, la Dennis Borycki Trio.

En 1999, Sorestad fue distinguido con el status de Miembro de por Vida de la Liga de Poetas Canadienses. En noviembre de 2000, se le nombró el primer Poeta Laureado de Saskatchewan, primer poeta laureado provincialmente en Canadá, lauro que ostentó hasta 2004. En noviembre de 2001, se le otorgó el premio Saskatoon Book por *Leaving Holds Me Here*. En febrero de 2003, Sorestad recibió la medalla Queen's Golden Jubilee. En 2009, recibió la Membresía de por Vida en la Saskatchewan Writers Guild. Finalmente, fue nombrado Miembro de la Orden de Canadá el 30 de junio de 2010.

Entre sus libros más conocidos se incluyen *Prairie Pub Poems* (1973), *Wind Songs* (1975), *Pear Seeds in My Mouth* (1977), *Ancestral Dances* (1979), *Jan Lake Poems* (1984), *Hold the Rain in Your Hands* (1985), *Stalking Place (*1988), *Air Canada Owls* (1990), *West Into Night* (1991), *Jan Lake Sharing* (1993), *Birchbark Meditations* (1996), *Icons of Flesh* (1998), *Today I Belong to Agnes* (2000), *Leaving Holds Me Here: Selected Poems 1975-2000* (2001), *Dreaming My Grandfather's Dreams* (2002), *Grasses & Gravestones* (2003), *Blood & Bone, Ice & Stone* (2005), *Halo of Morning* (2006), *Language of Horse* (2007), *Road Apples* (2009), y *What We Miss* (2010).

www.ingramcontent.com/pod-product-compliance
Lightning Source LLC
Chambersburg PA
CBHW031121080526
44587CB00011B/1057